주머니 속의 심경

바로보인 출판사는 육조정맥선원에서 운영하고 있습니다.

* 국제 육조정맥선원 487-832, 경기도 포천시 내촌면 음현리 140번지
  전화 031-531-8805
* 광주 육조정맥선원 506-453, 광주광역시 광산구 오운동 115-3
  전화 062-944-4088
* 서울 육조정맥선원 132-010, 서울시 도봉구 도봉동 559-24 문젠빌딩 2층
  전화 02-3494-0122, 02-3494-2460 팩스 02-3494-2460
* 부산 육조정맥선원 607-120, 부산시 동래구 사직동 113-1번지
  대륙코리아나 2층 212호
  전화 051-503-6460
* 포천 육조정맥선원 487-832, 경기도 포천시 내촌면 음현리 11번지
  전화 031-531-5088

바로보인 불법 ⑰
주머니 속의 심경(心經)

초판 1쇄 펴낸날 단기 4340년, 불기 3034년, 서기 2007년 11월 5일
초판 2쇄 펴낸날 단기 4341년, 불기 3035년, 서기 2008년 3월 25일

역   저 대원 문재현 선사
펴 낸 곳 도서출판 바로보인
          151-802, 서울시 관악구 남현동 1056-1 에스파빌딩 3층
          전화 02-3494-0122, 02-3494-2460 팩스 02-3494-2460
          등록번호. 1993.10.20. 제15-169호

편집·윤문 윤주영
제작·교정 정행태, 윤인선
인   쇄 가람문화사

ⓒ 문재현, 2008, printed in Seoul, Korea

잘못된 책은 교환해 드립니다.
값 5,000원

ISBN 978-89-86214-74-1 03220

불조법계보(佛祖法系譜)

🪷 인 도

종조 석가모니 (宗祖 釋迦牟尼)
1 조 마하가섭 (摩訶迦葉)
2 조 아난타 (阿難陀)
3 조 상나화수 (商那和脩)
4 조 우바국다 (優波毱多)
5 조 제다가 (堤多迦)
6 조 미차가 (彌遮迦)
7 조 바수밀 (婆須密)
8 조 불타난제 (佛陀難堤)
9 조 복타밀다 (伏馱密多)
10조 파율습박 (波栗濕縛)
11조 부나야사 (富那夜奢)
12조 아나보리 (阿那菩堤)
13조 가비마라 (迦毗摩羅)
14조 나알라수나 (那閼羅樹那)
15조 가나제파 (迦那堤波)
16조 라후라타 (羅睺羅陀)
17조 승가난제 (僧伽難堤)
18조 가야사다 (迦耶舍多)
19조 구마라다 (鳩摩羅多)
20조 사야다 (闍夜多)
21조 파수반두 (婆修盤頭)
22조 마노라 (摩拏羅)
23조 학륵나 (鶴勒那)
24조 사자보리 (師子菩堤)
25조 파사사다 (婆舍斯多)
26조 불여밀다 (不如密多)
27조 반야다라 (般若多羅)
28조 보리달마 (菩堤達磨)

🪷 중 국

29조 이조 혜가 (2 조 慧可)
30조 삼조 승찬 (3 조 僧璨)
31조 사조 도신 (4 조 道信)
32조 오조 홍인 (5 조 弘忍)
33조 육조 혜능 (6 조 慧能)
34조 남악 회양 (7 조 南嶽 懷讓)
43조 분양 선소 (16조 汾陽 善昭)
44조 자명 초원 (17조 慈明 楚圓)
45조 양기 방회 (18조 楊岐 方會)
46조 백운 수단 (19조 白雲 守端)
47조 오조 법연 (20조 五祖 法演)
48조 원오 극근 (21조 圜悟 克勤)

35조 마조 도일 (8 조 馬祖 道一)
36조 백장 회해 (9 조 百丈 懷海)
37조 황벽 희운 (10조 黃檗 希運)
38조 임제 의현 (11조 臨濟 義玄)
39조 흥화 존장 (12조 興化 存奬)
40조 남원 혜옹 (13조 南院 慧顒)
41조 풍혈 연소 (14조 風穴 延沼)
42조 수산 성념 (15조 首山 省念)

49조 호구 소륭 (22조 虎丘 紹隆)
50조 응암 담화 (23조 應庵 曇華)
51조 밀암 함걸 (24조 密庵 咸傑)
52조 파암 조선 (25조 破庵 祖先)
53조 무준 사범 (26조 無準 師範)
54조 설암 혜랑 (27조 雪岩 慧郎)
55조 급암 종신 (28조 及庵 宗信)
56조 석옥 청공 (29조 石屋 淸珙)

🈯 한 국

57조 태고 보우 (1 조 太古 普愚)
58조 환암 혼수 (2 조 幻庵 混脩)
59조 구곡 각운 (3 조 龜谷 覺雲)
60조 벽계 정심 (4 조 碧溪 淨心)
61조 벽송 지엄 (5 조 碧松 智儼)
62조 부용 영관 (6 조 芙蓉 靈觀)
63조 청허 휴정 (7 조 淸虛 休靜)
64조 편양 언기 (8 조 鞭羊 彦機)
65조 풍담 의심 (9 조 楓潭 義諶)
66조 월담 설제 (10조 月潭 雪霽)
67조 환성 지안 (11조 喚醒 志安)

68조 호암 체정 (12조 虎巖 體淨)
69조 청봉 거안 (13조 靑峰 巨岸)
70조 율봉 청고 (14조 栗峰 靑杲)
71조 금허 법첨 (15조 錦虛 法沾)
72조 용암 혜언 (16조 龍巖 慧言)
73조 영월 봉율 (17조 詠月 奉律)
74조 만화 보선 (18조 萬化 普善)
75조 경허 성우 (19조 鏡虛 惺牛)
76조 만공 월면 (20조 滿空 月面)
77조 전강 영신 (21조 田岡 永信)
78대 대원 문재현 (22대 大圓 文載賢)

대원문재현 선사님 인가 내역

🏵 제 1 오도송

이 몸을 끄는 놈 이 무슨 물건인가?	此身運轉是何物
골똘히 생각한 지 서너 해 되던 때에	疑端泊沒三夏來
쉬이하고 불어온 솔바람 한 소리에	松頭吹風其一聲
홀연히 대장부의 큰 일을 마치었네	忽然大事一時了

무엇이 하늘이고 무엇이 땅이런가	何謂靑天何謂地
이 몸이 청정하여 이러-히 가없어라	當體淸淨無邊外
안팎 중간 없는 데서 이러-히 응하니	無內外中應如是
취하고 버림이란 애당초 없다네	小分取捨全然無

하루 온종일 시간이 다하도록	一日於十有二時
헤아리고 분별한 그 모든 생각들이	悉皆思量之分別
옛 부처 낳기 전의 오묘한 소식임을	古佛未生前消息
듣고서 의심 않고 믿을 이 누구인가!	聞者卽信不疑誰

대원 문재현 선사님의 스승이신 전강(田岡) 대선사님께서 1961년 대구 동화사의 조실로 계실 당시 대원 문재현 선사님께서도 동화사에 함께 머무르고 계셨다.
하루는, 전강 대선사님께서 대원 선사님의 3연으로 되어 있는 제1오도송을 드시어 깨달은 바는 분명하나 대개 오도송은 짧게 짓는다고 말씀하셨다. 이에 대원 선사님께서는 제1오도송을 읊은 뒤, 도솔암을 떠나 김제들을 지나다가 석양의 해와 달을 보고 문득 읊으셨던 제2오도송을 일러드렸다.

🕉 제 2 오도송

해는 서산 달은 동산 덩실하게 얹혀 있고	日月兩嶺載同模
김제의 평야에는 가을빛이 가득하네	金提平野滿秋色
대천이란 이름자도 서지를 못하는데	不立大千之名字
석양의 마을길엔 사람들 오고 가네	夕陽道路人去來

제2오도송을 들으신 전강 대선사님께서는 이에 그치지 않고 그와 같은 경지를 담은 게송을 이 자리에서 즉시 한 수 지어볼 수 있겠냐고 하셨다. 이에 대원 선사님께서는 곧바로 다음과 같이 읊으셨다.

바위 위에는 솔바람이 있고	岩上在松風
산 아래에는 황조가 날도다	山下飛黃鳥
대천도 흔적조차 없는데	大千無痕迹
달밤에 원숭이가 어지러이 우는구나	月夜亂猿啼

전강 대선사님께서는 위 송의 앞의 두 구를 들으실 때만 해도 지긋이 눈을 감고만 계시다가 뒤의 두 구를 마저 채우자 문득 눈을 뜨시고 기뻐하시는 빛이 역력하셨다.
그러나 전강 대선사님께서는 여기에서도 그치지 않고 다시 한 번 물으셨다.
"대중들이 자네를 산으로 불러내고 그 중에 법성이 달마불식도리를 일러보라 했을 때 '드러났다'고 답했다는데, 만약에 자네가 당시의 양무제였다면 '모르오' 라고 이르고 있는 달마 대사에게 어떻게 했겠는가?"
대원 선사님께서 답하셨다.
"제가 양무제였다면 '성인이라 함도 서지 못하나 이러-히 짐의 덕화와 함께 어우러짐이 더욱 좋지 않겠습니까? 하며 달마 대사의 손을 잡아 일으켰을 것입니다."
전강 대선사님께서 탄복하시며 말씀하셨다.
"어느 새 그 경지에 이르렀는가?"
"이르렀다곤들 어찌 하며, 갖추었다곤들 어찌 하며, 본래라곤들 어찌

하리까? 오직 이러-할 뿐인데 말입니다."
대원 선사님께서 연이어 말씀하시자 전강 대선사님께서 이에 환희하시니 두 분이 어우러진 자리가 백아가 종자기를 만난 듯, 고수명창 어울리듯 화기애애하셨다.

달마불식 공안에 대한 위의 문답은 내력이 있는 것이다. 전강 대선사님께서 대원 선사님을 부르기 며칠 전에, 저녁 입선 시간 중에 노장님 몇 분만이 자리에 앉아있을 뿐 자리가 텅텅 비어 있었다고 한다.
대원 선사님께서 이상히 여기고 있던 중, 밖에서 한 젊은 수좌가 대원 선사님을 불렀다. 그 수좌의 말이 스님들이 모두 윗산에 모여 기다리고 있으니 가자고 하기에 무슨 일인가 하고 따라가셨다.
그러자 그 자리에 있던 법성 스님(향곡 스님 법제자인 진제 스님)이 보자마자 달마불식 법문을 들고 이르라고 하기에 지체없이 답하셨다.
"드러났다."
곁에 계시던 송암 스님께서 또 안수정등 법문을 들고 물으셨다.
"여기서 어떻게 살아나겠소?"
대뜸 큰소리로 이르셨다.
"안·수·정·등."
이에 좌우에 모인 스님들이 함구무언(緘口無言)인지라 대원 선사님께서는 먼저 그 자리를 떠나 내려와 버리셨다.
그 다음날 입승인 명허 스님께서 아침 공양이 끝난 자리에서 지난 밤 입선시간 중에 무단으로 자리를 비운 까닭을 묻는 대중 공사를 붙여 산중에서 있었던 일들이 낱낱이 드러나고 말았다. 그리하여 입선시간 중에 자리를 비운 스님들은 가사 장삼을 수하고 조실인 전강 대선사께 참회의 절을 했던 일이 있었다.
전강 대선사님께서는 이때에 대원 선사님께서 달마불식도리에 대해 일렀던 경지를 점검하셨던 것이다.
이런 철저한 검증의 자리가 있었던 다음 날, 전강 대선사님께서 부르시기에 대원 선사님께서 가보니 주지인 월산 스님께서 모든 것이 약조된 데에서 입회해 계셨으며 전강 대선사님께서는 곧바로 다음과 같이 전법게를 전해 주셨다.

주머니 속의 심경 7

❀ 전법게

부처와 조사도 일찍이 전한 것이 아니거늘   佛祖未曾傳
나 또한 어찌 받았다 하며 준다 할 것인가   我亦何受授
이 법이 2천년대에 이르러서   此法二千年
널리 천하 사람을 제도하리라   廣度天下人

덧붙여 이 일은 월산 스님이 증인이며 2000년까지 세 사람 모두 절대 다른 사람이 알게 하거나 눈에 띄게 하지 않아야 한다고 당부하셨다.
만약 그러지 않을 시에는 대원 선사님께서 법을 펴 나가는데 장애가 있을 것이라고 예언하셨다. 또한 각별히 신변을 조심하라 하시고 월산 스님에게 명령해 대원 선사님을 보현사 포교당에 내려가 교화에 힘쓰게 하셨다.
전강 대선사님께서는 미리 적어두셨던 송별송을 주셨으니 다음과 같다.

❀ 송별송

어상을 내리지 않고 이러-히 대한다 함이여   不下御床對如是
뒷날 돌아이가 구멍 없는 피리를 불리니   後日石兒吹無孔
이로부터 불법이 천하에 가득하리라   自此佛法滿天下

위의 송의 '어상을 내리지 않고 이러-히 대한다 함이여' 라는 첫째 줄 역시 내력이 있는 구절이다.
전에 대원 선사님께서 전강 대선사님을 군산 은적사에서 모시고 계실 당시 마당에서 홀연히 마주쳤을 때 다음과 같은 문답이 있었다.
전강 대선사님께서 물으셨다.
"공적(空寂)에 영지(靈智)를 이르게."
대원 선사님께서 대답하셨다.
"이러-히 스님과 대담(對談)합니다."
"영지에 공적을 이르게."

"스님과의 대담에 이러-합니다."
"어떤 것이 이러-히 대답하는 경지인가?"
"명왕(明王)은 어상(御床)을 내리지 않고 천하 일에 밝습니다."
위와 같은 문답 중에 대원 선사님께서 답하신 경지를 송별송의 첫째 줄에 담으신 것이다.

전강 대선사님께서 대원 선사님을 인가하신 과정을 볼 때 한 번, 두 번, 세 번을 확인하여 철저히 점검하신 명안종사의 안목에 탄복하지 않을 수 없으며 이에 끝까지 1초의 머뭇거림 없이 명철하셨던 대원 선사님께 찬탄하지 않을 수 없다.
그리하여 법열로 어우러진 두 분의 자리가 재현된 듯 함께 환희용약 하지 않을 수 없다.

이제 전강 대선사님과 약속한 2천년대를 맞이하였으므로 여기에 전법게를 밝히게 되었다.

서문

반야심경은 부처님이 설하신 경 중에서도 절제된
경으로 으뜸가는 경이다.
그래서 선송(禪頌)도 그 뜻을 따랐다.
이 선송이 읽는 이들을 돈오하게 하는 역할을
다하기를 바랄 뿐이다.

단기(檀紀) 4339년
불기(佛紀) 3033년
서기(西紀) 2006년 만추일

무등산인 대원 문재현 분향근서
(無等山人 大圓 文載賢 焚香謹書)

마하반야바라밀다심경 전문

마하반야바라밀다심경

관자재보살 행심반야바라밀다시 조견오온개공 도일체고액
사리자 색불이공 공불이색 색즉시공 공즉시색 수상행식 역부여시
사리자 시제법공상 불생불멸 불구부정 부증불감
시고 공중무색 무수상행식 무안이비설신의
무색성향미촉법 무안계 내지무의식계
무무명 역무무명진 내지무노사 역무노사진 무고집멸도
무지역무득 이무소득고
보리살타 의반야바라밀다고 심무가애 무가애고
무유공포 원리전도몽상 구경열반
삼세제불 의반야바라밀다고 득아뇩다라삼먁삼보리
고지 반야바라밀다
시대신주 시대명주 시무상주 시무등등주
능제일체고 진실불허
고설반야바라밀다주 즉설주왈
아제아제 바라아제 바라승아제 모제사바하

摩訶般若波羅蜜多心經

觀自在菩薩 行深般若波羅蜜多時 照見五蘊皆空 度一切苦厄
舍利子 色不異空 空不異色 色卽是空 空卽是色 受想行識 亦復如是
舍利子 是諸法空相 不生不滅 不垢不淨 不增不減
是故 空中無色 無受想行識 無眼耳鼻舌身意
無色聲香味觸法 無眼界 乃至無意識界
無無明 亦無無明盡 乃至無老死 亦無老死盡 無苦集滅道
無智亦無得 以無所得故
菩提薩埵 依般若波羅蜜多故 心無罣礙 無罣礙故
無有恐怖 遠離顚倒夢想 究竟涅槃
三世諸佛 依般若波羅蜜多故 得阿耨多羅三藐三菩提
故知 般若波羅蜜多
是大神呪 是大明呪 是無上呪 是無等等呪
能除一切苦 眞實不虛
故說般若波羅蜜多呪 卽說呪曰
揭諦揭諦 波羅揭諦 波羅僧揭諦 菩提薩婆訶

마하반야바라밀다심경 전문(全文)

　관자재 보살이 깊은 지혜로 저 언덕에 이르러 서로 즉해 누리기 위한 수행을 하실 때에, 오온이 다 공함을 비추어 보아 모든 괴로움에서 벗어났느니라.

　사리자야! 색이라 하나 공과 다르지 않고, 공이라 하나 색과 다르지 않아, 색이 곧 공이요, 공이 곧 색이니, 받는 것, 생각하는 것, 행하는 것, 분별하는 것 또한 그렇느니라.

　사리자야! 이 모든 법의 상도 공했나니, 나지 않고 죽지 않고, 더럽지도 않고 깨끗하지도 않으며, 늘지도 않고 줄지도 않느니라.

　이러므로 공 가운데 색 없어, 받는 것, 생각하는 것, 행하는 것, 분별하는 것도 없으며, 눈과 귀와 코와 혀와 몸과 뜻도 없고, 빛과 소리와 향기와 맛과 닿음과 법도 없으며, 눈으로 볼 경계도 없고, 나아가서는 뜻으로 분별할 경계도 없으며, 무명도 없고 또는 무명을 다했다는 것도 없으며, 나아가서는 늙고 죽음도 없고 또는 늙고 죽는 것을 다했다는 것도 없으며, 고와 집과 멸과 도까지도 없어서,

지혜도 없고 또한 얻음마저 없으니 얻을 바 없는 까닭이니라.

보살이 반야바라밀다를 의지한 까닭으로 마음에 걸림이 없고, 걸림이 없으므로 두려움이란 것이 없으며, 엎어지고 거꾸러진 꿈결의 생각을 멀리 여의어, 마침내는 열반에 이르느니라.

삼세의 모든 부처님도 반야바라밀다를 의지한 고로, 위없는 정변정각을 얻었느니라. 그러므로 알라. 반야바라밀다는 이러-히 크게 신령한 주며, 이러-히 크게 밝은 주며, 이러-히 위없는 주며, 이러-히 차별 없이 차별한 주여서, 능히 모든 괴로움을 없앤다 함이 진실이지 거짓이 아니니라.

그러므로 반야바라밀다주를 곧 일러주리니, '아제아제 바라아제 바라승아제 모제사바하' 니라.

반야심경 제목에 대한 송

하루에 한 소절씩만 읽고 참구하세요.
선(禪) 수행의 지름길이 됩니다.

마하 摩詞

가없이 큰

대원 자문 · 시송

가없이 큰 '마하'를 알고 싶은가?

하늘의 해는 희고
발 밑의 신은 검다

반야 般若

지혜로

대원 자문 · 시송

본연지혜인 '반야'를 알고 싶은가?

임제 할 먹은 춤이고
덕산 봉 맞은 웃음이다

바라 波羅

저 언덕에 이르러

대원 자문 · 시송

저 언덕에 이르른 경지를 알고 싶은가?

깨고 나온 닭 우나
벗은 껍질 전혀 없다

밀다 蜜多

서로 즉해 누리는

대원 자문 · 시송

구경의 경지인 '밀다'를 알고 싶은가?

화약마 탄 사람이
불 속에서 꽃 판다

심 心

마음의

대원 자문·시송

이 마음을 알고 싶은가?

벽 없는 골짜기에
색 없는 빛 구른다

경 經

지름길

대원 자문 · 시송

지름길을 알고 싶은가?

해변 자갈은 까맣고
범선은 가물거린다

반야심경 본문에 대한 법문과 송

반야심경

1

관자재보살
觀自在菩薩

관자재 보살이

28 대원 문재현 선사

대원 토끼뿔

어떤 이가 이 경지를 일러 달라고 하면 말하리라.
삼월의 보리들녘 푸르르고, 황소는 한가히 졸고 있다.
험!

소리 보아 법계화되어 이러-히 가없음이여
들음 없이 들으며 봄 없이 보아서
함 없이 하는 이를 관자재라 한다네

반야심경 ②

행심반야바라밀다시
行深般若波羅蜜多時

깊은 지혜로 저 언덕에 이르러
서로 즉해 누리기 위한
수행을 하실 때에

 대원 토끼뿔

어떤 이가 이 경지를 일러 달라고 하면 말하리라.
황소개구리 소리가 누리를 삼켜버렸다.

소리 따라 들어가 비추어 보라
홀연히 나무말이 달린다 하고
쇠사람 물 건넌다 크게 외치리

반야심경

3

조견오온개공
照見五蘊皆空

오온이 다 공함을 비추어 보아

 **대원 토끼뿔**

어떤 이가 이 경지를 일러 달라고 하면 말하리라.
강가의 강태공들 좌선하는 선승 같다.
험!

소리와 듣는 내가 이러-히 하나라
삼세가 지금이고 지금이 삼세여서
나뉨 없는 가운데 산 보면 산이라 하네

반야심경

4

도일체고액
度一切苦厄

모든 괴로움에서 벗어났느니라

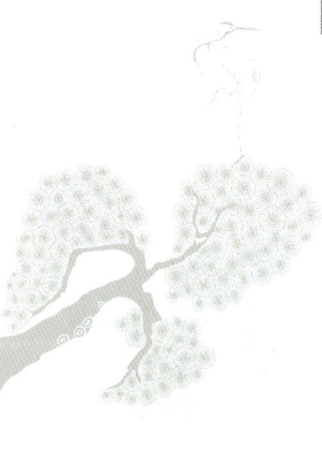

34 대원 문재현 선사

 **대원 토끼뿔**

어떤 이가 이 경지를 일러 달라고 하면 말하리라.
더 이상 무어라 하겠는가. 드러난 이대로일세.

꾀꼬리 소리는 장안을 열고
호숫가 실버들은 춤이로세
이 풍광 즐기면서 차 드노라

반야심경

5

사리자 색불이공 공불이색
舍利子 色不異空 空不異色

> 사리자야!
> 색이라 하나 공과 다르지 않고
> 공이라 하나 색과 다르지 않아

36 대원 문재현 선사

 **대원 토끼뿔**

어떤 이가 이 경지를 일러 달라고 하면 말하리라.
험!

한 소리에 허공처럼 비었으나
무정과 같지는 않을 때가
이 경지를 알기에 가장 좋네

반야심경

6

색즉시공 공즉시색
色卽是空 空卽是色

색이 곧 공이요 공이 곧 색이니

38 대원 문재현 선사

 **대원 토끼뿔**

어떤 이가 이 경지를 일러 달라고 하면 말하리라.
대나무 밤새도록 비질했으나
티끌은 제자리에 그대로 있네.

소리 따라 사무쳐 이러-한데
구름은 백학으로 날고
원앙새는 쌍쌍이 노니네

반야심경

7

수상행식 역부여시
受想行識 亦復如是

받는 것, 생각하는 것,
행하는 것, 분별하는 것
또한 그렇느니라

 **대원 토끼뿔**

어떤 이가 이 경지를 일러 달라고 하면 말하리라.
구름 걷히는 사이로 비치는 달이니라.

뇌성의 한 소리에 대천 흔적 없는데
소낙비 속 농부는 들 향해 나서고
충견(忠犬)인 백구는 그 뒤를 따르누나

반야심경

8

사리자 시제법공상
舍利子 是諸法空相

불생불멸 불구부정 부증불감
不生不滅 不垢不淨 不增不減

사리자야 이 모든 법의 상도 공했나니
나지 않고 죽지 않고 더럽지도 않고 깨끗하지도 않으며
늘지도 않고 줄지도 않느니라

 **대원 토끼뿔**

어떤 이가 이 경지를 일러 달라고 하면 말하리라.
황소개구리가 뱀 먹을 땐 아무 소리가 없더라.

밤새의 한 소리에 안팎 흔적 없으나
떨어지는 물소리에 웃으며 거니는데
길손이 붙들고서 장안 길을 묻누나

반야심경

9

시고 공중무색 무수상행식
是故 空中無色 無受想行識

이러므로 공 가운데 색 없어
받는 것, 생각하는 것,
행하는 것, 분별하는 것도
없으며

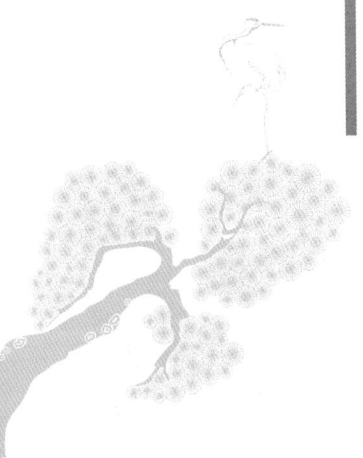

 **대원 토끼뿔**

어떤 이가 이 경지를 일러 달라고 하면 말하리라.
닭은 새벽을 알리고 개는 손님 온 걸 알린다.

홀연히 종소리가 삼세를 녹이니
밝고 넓은 도량에서 거니는 이 함이라
누구라도 그 종적 당초에 볼 수 없네

반야심경

10

무안이비설신의
無眼耳鼻舌身意

눈과, 귀와, 코와, 혀와,
몸과 뜻도 없고

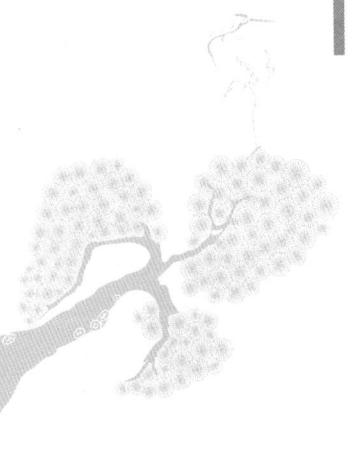

 **대원 토끼뿔**

어떤 이가 이 경지를 일러 달라고 하면 말하리라.
뜰 앞의 소나무가 누설하고 있구나.

나무 스친 소리가 공안 비밀 없앰이여
아는 것도 얻은 것도 깨친 것도 아니라서
이러-히 풍광 보며 웃음 지을 뿐이라네

반야심경

11

무색성향미촉법
無色聲香味觸法

빛과 소리와 향기와
맛과 닿음과 법도 없으며

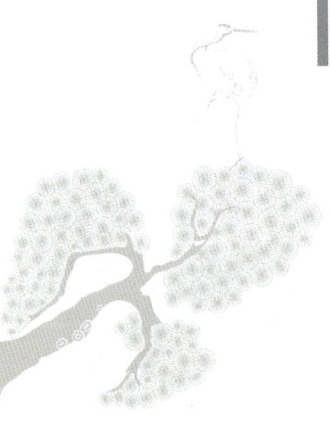

 **대원 토끼뿔**

어떤 이가 이 경지를 일러 달라고 하면 말하리라.
달리는 기차 소리고 장끼가 놀란 소리다.

세상의 갖은 소리 진지한 보임인데
눈 뜨고도 못 보는 당달봉사 저들이여
흙덩이를 쫓아 무는 개가 되지 말게나

반야심경

12

무안계 내지무의식계
無眼界 乃至無意識界

눈으로 볼 경계도 없고
나아가서는
뜻으로 분별할 경계도
없으며

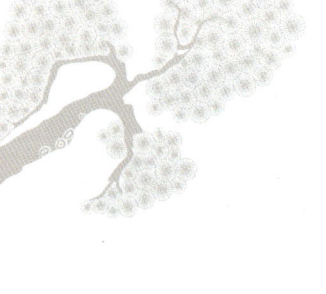

50 대원 문재현 선사

 **대원 토끼뿔**

어떤 이가 이 경지를 일러 달라고 하면 말하리라.
어제는 갑자일이고 오늘은 을축일일세.

첫 차의 기적소리 억겁무명 녹여내서
모습도 이름도 서지 못한 여기에
이러-히 청정한 광명일 뿐이라네

반야심경

13

무무명 역무무명진
無無明 亦無無明盡

내지무노사 역무노사진
乃至無老死 亦無老死盡

무명도 없고 또는 무명을
다했다는 것도 없으며
나아가서는 늙고 죽음도 없고
또는 늙고 죽는 것을 다했다는
것도 없으며

 대원 토끼뿔

어떤 이가 이 경지를 일러 달라고 하면 말하리라.
하늘에는 구름 일고 경마장엔 먼지 인다.

임제스님 할소리 읽을 줄만 안다면
무정들의 설법도 들을 줄 안다 하리
알겠는가 불자가 나 먼저 누설했네

반야심경

14

무고집멸도
無苦集滅道

고와, 집과, 멸과,
도까지도 없어서

 **대원 토끼뿔**

어떤 이가 이 경지를 일러 달라고 하면 말하리라.
고슴도치 털은 가시이고, 양들의 흰 털은 솜이니라.

가을하늘 외기러기 한 소리여
이 몸인 이대로가 법신이며
삼세가 흔적 없음 믿게 했네

그렇다 해도 두어 관문 있음을 어쩌랴.
(잠잠히 있다가)
악!
악!

반야심경

15

무지역무득 이무소득고
無智亦無得 以無所得故

지혜도 없고 또한
얻음마저 없으니
얻을 바 없는 까닭이니라

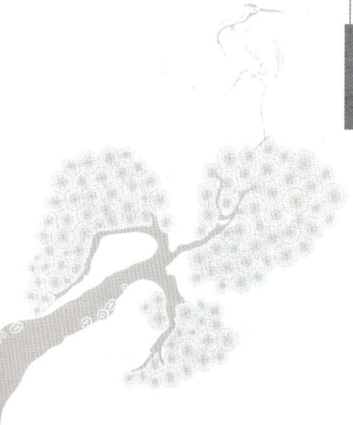

 **대원 토끼뿔**

어떤 이가 이 경지를 일러 달라고 하면 말하리라.
고슴도치는 들어간 구멍에서 못 나오고
나방은 제가 벗은 허물 속에 못 들어간다.

죽비의 한 소리여 이러-히 천연일세
찾음 없고 얻음 없단 생각마저 없어서
때가 되면 밥 먹고 밤이면 잘 뿐이네

반야심경

16

보리살타 의반야바라밀다고
菩提薩埵 依般若波羅蜜多故

보살이 반야바라밀다를
의지한 까닭으로

 **대원 토끼뿔**

어떤 이가 이 경지를 일러 달라고 하면 말하리라.
한산의 웃음이고 보화의 춤이니라.

이런 고로 꾸짖는 소리에도
보화는 춤을 추며 나갔고
한산은 혼자서도 웃었다네

반야심경

17

심무가애
心無罣礙

마음에 걸림이 없고

60 대원 문재현 선사

 **대원 토끼뿔**

어떤 이가 이 경지를 일러 달라고 하면 말하리라.
이대로여서 설명 따윈 뱀 다릴세.

이러-히 걸림 없는 시절이라
돌사내 구름에서 장고 치고
옥처녀 장고 앞에 춤일세

반야심경

18

무가애고 무유공포
無罣礙故 無有恐怖

원리전도몽상
遠離顚倒夢想

걸림이 없으므로
두려움이란 것이 없으며
엎어지고 거꾸러진
꿈결의 생각을 멀리 여의어

 **대원 토끼뿔**

어떤 이가 이 경지를 일러 달라고 하면 말하리라.
악!

이러-히 법계화 된 도량이라
가없이 함 없는 함이라서
일일마다 할 뿐인 시절일세

반야심경

19

구경열반
究竟涅槃

마침내는 열반에 이르느니라

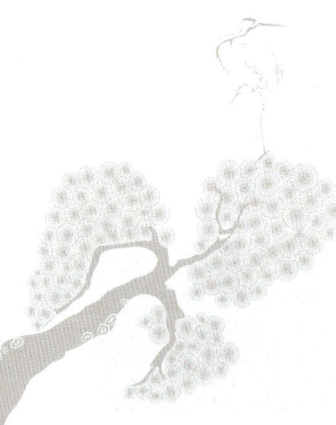

 **대원 토끼뿔**

어떤 이가 이 경지를 일러 달라고 하면 말하리라.
차나 들라.

이러-히 함이 없는 시절이라
이 맘 외엔 다른 것 없음이여
부질없는 그 이름 열반일세

반야심경

20

삼세제불 의반야바라밀다고
三世諸佛 依般若波羅蜜多故

득아뇩다라삼먁삼보리
得阿耨多羅三藐三菩提

삼세의 모든 부처님도
반야바라밀다를 의지한 고로
위없는 정변정각을
얻었느니라

 대원 토끼뿔

어떤 이가 이 경지를 일러 달라고 하면 말하리라.
하늘은 푸르르고 대지는 검으며 별들은 붉으니라.

이러-히 오고감에 자취 없되
자취 없단 그런 맘도 없는 거기
만사에 자유자재 함일세

반야심경

21

고지 반야바라밀다 시대신주
故知 般若波羅蜜多 是大神呪

그러므로 알라
반야바라밀다는
이러-히 크게 신령한 주며

 **대원 토끼뿔**

어떤 이가 이 경지를 일러 달라고 하면 말하리라.
새삼스럽긴. 소 타고 소 찾는 자 있다더니,
더한 자를 이렇게 보는구나.

이러-히 천하 일을 어상 내림 없이 하고
온갖 일을 다 하되 어상 여읨 없는 함을
부득이 이름하길 대신주라 하느니

반야심경

22

시대명주
是大明呪

이러-히 크게 밝은 주며

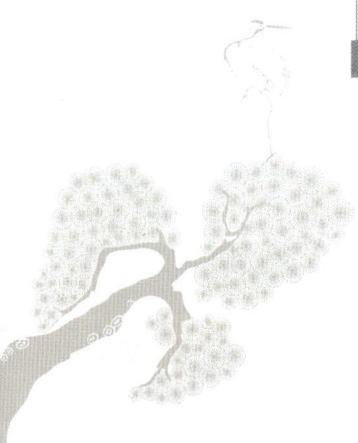

 **대원 토끼뿔**

어떤 이가 이 경지를 일러 달라고 하면 말하리라.
말해서 뭘 하나.
차라리 물 속에서 물을 찾아라.

이러-히 이 맘 외엔 다른 물건 없는 데서
흰 것은 희다 하고 검은 것은 검다 함을
억지로 이름지어 그렇게들 말하네

반야심경

23

시무상주
是無上呪

이러-히 위없는 주며

 대원 토끼뿔

어떤 이가 이 경지를 일러 달라고 하면 말하리라.
누설치 않는 것이 있던가?
뜨고 못 보는 당달봉사 있다더니.
험!

이러-히 오고가며 봄동산 꽃놀이니
일상이 움직인 적 전혀 없는 함인 것을
위없는 주문을 굳이 물어 말한 걸세

반야심경

24

시무등등주
是無等等呪

이러-히 차별없이
차별한 주여서

 **대원 토끼뿔**

어떤 이가 이 경지를 일러 달라고 하면 말하리라.
잘 보아라.

옥황제 구름용상 높이 앉아 사자후를 토하고
쇠시자들 허공을 무대삼아 자유자재 즐김이
모두 안아 똑같은 삶으로 이끄는 함이라네

반야심경

25

능제일체고 진실불허
能除一切苦 眞實不虛

능히 모든 괴로움을
없앤다 함이
진실이지 거짓이 아니니라

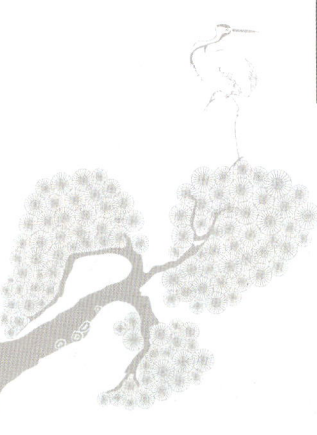

 대원 토끼뿔

어떤 이가 이 경지를 일러 달라고 하면 말하리라.
늦게 핀 들국화가 더없이 잘 일러줬네.

이라-히 양지에 느긋이 앉았으니
보랏빛 장다리꽃 만 공안 누설하고
아련한 단소소리 고요 더한 낙이로세

반야심경

26

고설반야바라밀다주 즉설주왈
故說般若波羅蜜多呪 卽說呪曰

그러므로 반야바라밀다주를
곧 일러주리니

 대원 토끼뿔

어떤 이가 이 경지를 일러 달라고 하면 말하리라.
더 이상은 드러낼 수 없다.

이러-히 봄이 오면 농사를 시작하고
여름이면 가꾸어 고수확을 도모하며
가을되면 거두어 겨울남을 대비하네

반야심경

27

아제아제 바라아제
揭諦揭諦 波羅揭諦

바라승아제 모제사바하
波羅僧揭諦 菩提薩婆訶

'아제아제 바라아제
바라승아제 모제사바하'
니라

 대원 토끼뿔

어떤 이가 이 경지를 일러 달라고 하면 말하리라.
거북이는 기어가고, 백로는 날아간다.
험!

이러-히 손[客] 대하여 차 나누며
봄 경치를 더불어 즐기는 게
이 집안의 일상인 일이라네

바로보인의 책들

① 바로보인 전등록 (전30권을 5권으로)

7불과 역대 조사의 말씀이 1,700공안으로 집대성되어 있는 선종 최고의 고전으로, 깨달음의 정수가 살아 숨쉬도록 새롭게 번역되었다.
464, 464, 472, 448, 432쪽. 각권 18,000원

② 바로보인 무문관

황룡 무문 혜개 선사가 저술한 공안집으로 『전등록』, 『선문염송』, 『벽암록』 등과 함께 손꼽히는 선문의 명저이다. 본칙 48개와 무문 선사의 평창과 송, 여기에 역저자인 대원 문재현 선사의 도움말과 시송으로 생명과 같은 선문의 진수를 맛보여 주고 있다.
272쪽. 12,000원

③ 바로보인 벽암록

설두 선사의 『설두송고』를 원오 극근 선사가 수행자에게 제창한 것이 벽암록이다. 이 책은 본칙과 설두 선사의 송, 대원 문재현 선사의 도움말과 시송으로 이루어져, 벽암록을 오늘에 맞게 바로 보이고 있다.
456쪽. 15,000원

④ 바로보인 천부경

우리 민족 최고(最古)의 경전 천부경을 깨달음의 책으로 새롭게 바로 보였다. 이 책에는 81권의 화엄경을 81자에 함축한 듯한 천부경과, 교화경, 치화경의 내용이 함께 담겨 있으며, 역저자인 대원 문재현 선사가 도움말, 토끼뿔, 거북털 등으로 손쉽게 닦아 증득하는 문을 열어놓고 있다.

432쪽.　15,000원

⑤ 바로보인 금강경

대원 문재현 선사의 『바로보인 금강경』은 국내 최초로 독창적인 과목을 내어 부처님과 수보리 존자의 대화 이면의 숨은 뜻을 드러내고, 자문과 시송으로 본문의 핵심을 꿰뚫어 밝혀, 금강경 전체를 손바닥 안의 겨자씨를 보듯 설파하고 있다.

488쪽.　15,000원

⑥ 세월을 북채로 세상을 북삼아

대원 문재현 선사의 선시가 담긴 선시화집 『세월을 북채로 세상을 북삼아』는 선과 시와 그림이 정상에서 만나 어우러진 한바탕이다. 선의 세계를 누리는 불가사의한 일상의 노래, 법열의 환희로 취한 어깨춤과 같은 선시가 생생하고 눈부시게 내면의 소리로 흐른다.

180쪽.　15,000원

7 영원한현실

애매모호한 구석이 없이 밝고 명쾌하여, 너무도 분명함에 오히려 그 깊이를 헤아리기 어려운, 대원 문재현 선사의 주옥같은 법문을 모아 놓은 법문집이다.
400쪽.　15,000원

8 바로보인 신심명

신심명은 양끝을 들어 양끝을 쓸어버리는, 72대치법으로 이루어진, 3조 승찬 대사의 게송이다. 이를 대원 문재현 선사가 바로 번역하는 것은 물론, 주해, 게송, 법문을 더해 통쾌하게 회통하고 자유자재 농한 것이 이 『바로보인 신심명』이다.
296쪽.　10,000원

9 바로보인 환단고기 (전5권)

『바로보인 환단고기』 1권은 민족정신의 정수인 환단고기의 진리를 총정리하여 출간하였다. 2권에는 역사총론과 태초에서 배달국까지 역사가 실려있으며, 3권은 단군조선, 4권은 북부여에서부터 고려까지의 역사가 실려있다. 5권에는 역사를 증명하는 부록과 함께 환단고기 원문을 실었다.
264, 368, 264, 352, 344쪽.　각권 12,000원

⑩ 바로보인 선문염송 (전30권 중 11권)

선문염송은 1,454칙의 본 공안으로 이루어져 있는 세계최대의 공안집이기에 불조의 법 쓰는 바를 손바닥 들여다보 듯 하지 않고는 제대로 번역할 수 없다. 대원 문재현 선사는 매 칙마다 일러보여 전 공안을 바로 참구할 수 있게끔 공안 참구의 길잡이 역할을 하였다.
352, 368, 344, 352, 360, 360, 400, 440, 376, 382, 392쪽.   각권 15,000원

⑪ 앞뜰에 국화꽃 곱고 북산에 첫눈 희다

대원 문재현 선사의 선문답집으로 전강·경봉·숭산·묵산 선사와의 명쾌한 문답을 실었으며, 중앙일보의 〈한국불교의 큰스님 선문답〉 열 분의 기사와 기자의 질문에 대한 대원 문재현 선사의 별답을 함께 실었다.
200쪽.   5,000원

⑫ 바로보인 증도가

선종사에 사라지지 않을 발자취로 남은 영가 선사의 증도가를 대원 문재현 선사가 번역하고 법문과 송을 더하였다. 자비의 방편인 증도가의 말씀을 하나 하나 쳐가는 선사의 일갈이야말로 영가 선사의 본 의중과 일치하여 부합하는 것이라 아니할 수 없다.
376쪽.   10,000원

⑬ 바로보인 반야심경

이 시대의 야부 선사, 대원 문재현 선사가 최초로 반야심경에 과목을 붙여 반야심경 내면에 흐르는 뜻을 밀밀하게 밝혀놓고 거침없는 송으로 들어보였다.
200쪽. 10,000원

⑭ 선(禪)을 묻는 그대에게 (전10권 중 2권)

대원 문재현 선사의 선수행에 대한 문답집. 깨달아 사무친 경지에 대한 밀밀한 점검과, 오후보림에 대한 구체적인 수행법 제시와, 최초의 무명과 우주생성의 원리까지 낱낱이 설한 법문이 담겨 있다.
280쪽, 272쪽. 각권 15,000원

⑮ 바로보인 선가귀감

선가귀감은 깨닫고 닦아가는 비법이 고스란히 전수되어 있는 선가의 거울이라 할 만하다. 더욱이 바로보인 선가귀감은 매 소절마다 대원 문재현 선사의 시송이 화살을 과녁에 적중시키듯 역대 조사와 서산대사의 의중을 꿰뚫어 보석처럼 빛나고 있다.
352쪽. 15,000원

⑯ 바로보인 법융선사 심명

심명 99절의 한 소절, 한 소절이 이름 그대로 마음에 새겨두어야 할 자비광명들이다. 이 심명은 언어와 문자이면서 언어와 문자를 초월한 일상을 영위하게 하는 주옥같은 법문이다.
278쪽.　12,000원

법문 테이프를 주문판매합니다

　부처님의 78대손이신 대원(大圓) 문재현(文載賢) 전법 선사님의 법문 테이프가 나왔습니다. 책으로만 보아서는 고준하여 알기 어려웠던 선문(禪文)의 이치들이 자세히 설하여져 있어서, 모든 궁금증을 시원하게 풀어 줄 것입니다.

· 바로보인 천부경 : 15,000원　　· 바로보인 금강경 : 40,000원
· 바로보인 신심명 : 30,000원　　· 바로보인 법성게 : 10,000원
· 바로보인 반야심경 : 1회당 5,000원 (총 32회)
· 바로보인 선가귀감 : 1회당 5,000원 (총 80회 예정, 현재 23회)

◈ 신한은행 368-12-116406 (예금주 : 도서출판 바로보인 위일석)
◈ 농협 100083-56-142311 (예금주 : 위일석)
☎ 02-3494-0122

입금하시고 전화하시면 즉시 부쳐드립니다.

육조정맥선원　www.zenparadise.com

모든 이들이 한결같이 추구하고 갈구하는
존재의 근원에 대한 문제, 즉 진리에 관한 내용들을
책에 담으려 합니다. 존재의 근원을 바로 비추는 맑은 거울의
역할을 다하도록 노력하겠습니다.
모든 이들이 바로 봄으로써 무한한 존재를 깨달아
영원한 낙을 누리게 될 때까지 '바로보인' 의 의지는 사라지지
않을 것입니다.

*출간 도서

바로보인 금강경
바로보인 반야심경
바로보인 전등록 전5권
바로보인 무문관
바로보인 벽암록
바로보인 신심명
바로보인 선문염송 전30권중 11권 출간
바로보인 증도가
바로보인 선가귀감
바로보인 천부경 · 교화경 · 치화경
바로보인 환단고기 전5권
바로보인 법융선사 심명
영원한 현실 (대원 문재현 법문집1)
세월을 북채로 세상을 북삼아
(대원 문재현 선시화집)
앞뜰에 국화꽃 곱고 북산에 첫눈 희다
(대원 문재현 선문답집)
선을 묻는 그대에게 전10권중 2권 출간
(대원 문재현 문답집)
주머니 속의 심경

*출간 예정 도서

바로보인 원각경
바로보인 능엄경 제6권
바로보인 유마경
바로보인 육조단경
바로보인 대전화상주 심경
바로보인 법성게
바로보인 위앙록
바로보인 방거사 어록
해동전등록
말 밖의 말 (대원 문재현 법문집2)
언어의 향기 (대원 문재현 시집)
대원 문재현 선송집
진리와 과학의 만남
바로보인 불전예식
바로보인 5대 종교
주머니 속의 금강경과 야보송
바로보인 유가귀감
바로보인 도가귀감
선재동자 참알 오십삼선지식
혜암선사 법문을 들어 설하다